ALTDEUTSCHE TEXTBIBLIOTHEK

Begründet von Hermann Paul
Fortgeführt von G. Baesecke
Herausgegeben von Hugo Kuhn

Nr. 82

Althochdeutsche Glossen zum Alten Testament

Genesis – Deuteronomium – Numeri – Josue – Judicum

Herausgegeben von

Herbert Thoma

MAX NIEMEYER VERLAG TÜBINGEN
1975

BERNHARD BISCHOFF

zugeeignet

Zur Herausgabe

Der Herausgeber dankt dem University of London Institute of Germanic
Studies für die Hilfeleistung, die ihm bei der Herstellung der Druckvorlage
gewährt worden ist.

H. T.

Geb. Ausgabe ISBN 3-484-20091-X
Kart. Ausgabe ISBN 3-484-20092-8

INHALTSVERZEICHNIS

VORBEMERKUNGEN

Jede zwischenzeilige Glosse ist durch ein Komma von ihrem Lemma getrennt; Kontextglossen erscheinen ohne Trennungszeichen; vor jeder Randglosse erscheint das zugehörige Lemma in runden Klammern.

Ergänzte Wortteile stehen in eckigen Klammern. Die einzelnen Glossen folgenden römischen Ziffern in runden Klammern beziehen sich auf die Nummern in Steinmeyer-Sievers.

Vulgatastellen sind nach Kapitel- und Verszahl gegeben. Seitenzahlen von 458 bis 657 gefolgt jeweils von den Buchstaben A bis D beziehen sich auf Migne's Band 107.

ABKÜRZUNGEN

Ahd. Wb.	=	*Althochdeutsches Wörterbuch, herausgegeben von Elisabeth Karg-Gasterstädt und Theodor Frings, Berlin (1952 ff.)*
CSEL	=	*Corpus scriptorum ecclesiasticorum latinorum*
Ed.	=	*Editio*
Gl.	=	*Elias Steinmeyer und Eduard Sievers, Die althochdeutschen Glossen, Bd. 1-5, Berlin (1879-1922)*
Graff	=	*E.G. Graff, Althochdeutscher Sprachschatz, Bd. 1-7, Berlin (1834-46)*
Hattemer	=	*H. Hattemer, Denkmahle des Mittelalters 1, St. Gallen (1844)*
Laa.	=	*Lesarten*
MSD	=	*K. Müllenhoff und W. Scherer, Denkmäler deutscher Poesie und Prosa aus dem VIII-XII Jahrhundert, 3. Ausgabe von E. Steinmeyer, 2 Bde., Berlin (1892)*
PL	=	*J.-P. Migne, Patrologiae cursus completus. Series Latina*
Vulg.	=	*Vulgata*

DIE HANDSCHRIFT

Von der Handschrift Saint Mihiel, Bibliothèque Municipale[1] 25,
s. XI in., 218 x 135 mm, hat mir Bernhard Bischoff gütigst einen
Mikrofilm zur Verfügung gestellt, den ich vergrößern ließ und der
den folgenden Ausführungen zugrunde liegt.

Die Photographie zeigt 144 im 19. Jahrhundert gezählte Blätter
Text; voraus geht ein Blatt (auf Deckel geklebt?) mit älteren
Signaturen etc., zum Teil wiederholt auf der Vorderseite des
folgenden ungezählten Blattes, wo zum erstenmal die jetzige, auch
auf der Rückseite vermerkte, Signatur eingetragen ist. Auf f.144^v,
der letzten beschriebenen Seite, folgt ein leeres Blatt.

Auf dem oberen Rand von f.1^r steht ein Hinweis (18. Jh.) auf
die Kölner Ausgabe (1626) von Hrabans Pentateuch, auf dem rechten
Rand der Besitzvermerk Benedictinorum S. michaelis in Lotaringia
Congreg. S. vitoni *und unten nochmals die Nummer 25. Die Rück-*
seite ist leer.

Der Bibliotheksstempel von S. Mihiel erscheint auf f.1^r nicht
weniger als fünfmal auf den Rändern und im Text und ist wiederholt
auf f.68^r und 144^v.

Der Text ist durchaus in je 26 Zeilen von einer Anzahl ver-
schiedener Hände geschrieben, die sich oft wiederholen und von
denen einige in sehr kurzen Abständen wechseln.

Ich gebe zunächst den Inhalt der Handschrift an:
1^r In principio creauit deus celum et terram. Plurima super
rerum natura et exordio. grecorum philosophi disputarunt. Alii
tria principia enim omnium. deum. et exemplar. et materiam.
Alii duo principia esse putauerunt. materiam. et speciem ...
- 74^v quam sub plaustro sepulturæ perpetuo manendum obruere
uiderentur.[2]

---

[1] *vgl. Catalogue général, tome III (Faris 1861), p.521. Die Lit-*
eratur verzeichnet L.H. Cottineau, Répertoire Topo-Bibliographique
des Abbayes et Prieurés II (Macon 1938) 2818f. [2] *die untere*
Hälfte von 74^v und das Blatt 75^r (dies bis auf den Bibliotheks-
stempel) sind leer.

d.i. Commentarius in Genesin ex Hrabani Mauri et aliorum operibus.[1]

75^v LOCVTUSQUE EST DOMINUS AD MOYSEN IN MONte synai in tabernaculo. Synai interpretatur rubus ... - 114^v sicut ipsa uitia dominus uoluit conterere. ita ipsum condemnabit.[2] 123^r Iubet et terram sorte diuidere ... - 123^v De filiabus salphaad. supra iam diximus. EXPLICIT IN LIRVM *(!)* NVMERI;

d.i. Walahfrid Strabo, Abbreviatio Hrabani Mauri in Librum Numerorum.[3]

123^v INCIPIT IN DEVTERONOMIVM Deuteronomium dicitur secunda lex. ꝉ innouatio legis ... - 138^v in eis aliquod misterium inueniri possit.[4] 115^r Vestimentum indue. non tolles. i. fidem ab anima non auferas ... - 122^v qui solis calore. et lune humectudine nutriuntur 139^r Ceterum spiritaliter ioseph qui interpretatur auctus. christum designat ... - 141^v significat sanctorum deuotionem quam christo exhibent saluatori. EXPLICIT DEVTRONOMIVM

d.i. Walahfrid Strabo in librum Deuteronomium.[5]

141^v Filii autem israhel castra mouerunt ex beroht ... - et de cauda percutit. quia *(darüber* ꝉ qu̧e) curua. et uenenata est.[6]

141^v DE FINE NVMERI (25,8 - 36,12) Cessauitque plaga. hoc est quod sequitur ... - 142^r et possessio earum. nec in iubileo ad tribum suam reuerteretur. ExPLICIT.

---

[1] *der Genesiskommentar ist erwähnt in F. Stegmüller, Repertorium Biblicum Medii Aevi, Matriti 1955, V 11, nr.7021 unter Rabanus Maurus.* [2] *die nächste Lage, 115^r- 122^v, ist verbunden, sie gehört zwischen 138^v und 139^r.* [3] *F. Stegmüller, a.a.O., V 427f. nr.8320. Vgl. auch Gl.5, 485f.* [4] *vgl. oben.* [5] *Stegmüller, a.a.O., V 428, nr.8321.* [6] *diese Auslegung von Deuteronomium 10,6 und 8,15 steht hier am Ende von Walahfrids Kommentar wie in Einsiedeln 184 (Gl.LXVc); vgl. P. Lehmann, Zentralblatt für Bibliothekswesen 45 (1928), 122.*

142[r] INCIPIT GLossa IN DEUTRONOMIVM.[1] (1,1 - 2,11) Pharan. tophel.
laban. et asseron ciuitates sunt. Moabite appellant eos emim ...
- Nullus gigantum domino timorem illis incutiente nobis restent.

142[r] *am Rande* DE LIBRO FILII NA[VE].[2] (1,4 - 24,19) A deserto. i.
sin ad orientem. Libanus ad aquilonem. eufrates ad austrum ...
- 144[r] Non dehortantis uerba sunt. sed magis ad dei cultum prouo-
cantis.

144[r] IN LIBRVM IVDICVM Incertum esse dicunt. quas librum iudicum
dictauerit. (1,2 - 6,39) Iudas ascendet ± homo aliquis ... - 144[v]
quem spiritus domini induit sicut supra dictum est.[3]

ZUM GENESISKOMMENTAR

*Zur Charakterisierung des in dieser Gestalt sonst nicht bekann-
ten Genesiskommentars seien einige Bemerkungen angefügt:*

*Im Genesiskommentar ist der Anteil Hrabans zu Anfang weitaus
am stärksten aber im Wortlaut oft stark gekürzt und durch Umstel-
lungen u. dgl. geändert. Der Bearbeiter selber weist im Text
f.27[v] auf Maurus als seine Quelle hin.[4]*

*Sonst werden im Text genannt Servius (53[v]), Josephus (64[r]. 65[r].
74[r]) und - mit der hieronymischen Quelle - Aquila (48[v]. 56[r]) und
Symmachus (56[r]).*

---

[1] *dazu am Rande* G̅G̅. [2] *am Rande abgeschnitten.* [3] *die Herkunft
der letztgenannten vier Kommentarstücke (f.141[v]- 144[v]) blieb mir
unbekannt. Unter denen zu Numeri findet sich (f.142[r]) 32,32 Cis
iordanem. i. ex ista parte iordanis. vgl.Gl.5,168,12.34, wo auch F
nach Anm.17 parte statt ripa hat. - In (f.143[r]) Josue 15,2 A lingua.
i. a sinu maris. ist sinu fehlerhaft; das richtige A lingua maris a
sonitu maris steht in Gl.5,174,24.52 (und 252,24.253,27). Judicum
(f.144[r]) 3,21 Tulit sicam ... a secando dicta stammt wie Gl.5,255,
32 aus Isidor, XVIII 6,8. Ebenda (f.144[r]) 4,21 Clauum. id est
paxillum tabernaculi ferreum vergleicht sich mit Gl.5,175,33f.59f.
In 6,32 (f.144[v]) Ierobaal. i. ultor baal ist ultor aus cultor ent-
stellt wie in c (Wien 2732) Gl.5,436,13.* [4] *Quę VII peccata.
maurus exponit ...*

Quellenangaben am Rande betreffen vor allem Augustinus, dessen
Name elfmal erscheint (2^v. 3^r. 8^v. 10^r. 14^r. 17^v. 25^r. 36^r. 36^v.
49^r. 49^v), sodann Isidor (25^v. 28^r), Ser(vius) (49^v); zwischen-
zeilig im Text Hieronymus (27^v), der auch (32^v) einmal ausdrücklich
als exzerpierte Quelle genannt wird.

Von außerbiblischen Quellen sind in der Hauptsache Isidors
Etymologien benützt, bei denen ich jeweils auch die Übereinstimmungen mit Hrabans De natura rerum vermerkt habe.

Von Hrabans Dichterzitaten ist, schon aus Beda stammend, auf
f.5^r Ovid, Met.I, 84-86, übernommen, ebenso auf f.47^r Virgil,
Georg. II, 150 aus Hieronymus. Auf f.2^r wird (mit Beda, PL 91,192B)
Juvencus, Evang. de Bapt. Christi I 359 (oder 386) zitiert, auf
f.16^v Venantius Fortunatus, De partu virginis 21 und 26.[1]

Graeca erscheinen auf f.42^v ΑΜΙΓΔΑΛΟΝ 70^r ΑΠΟΣΤΡΟΦΗΝ.

Die Worterklärungen zu terra und caelum der Hs. des Wessobrunner
Gebets (Gl.4,576,4f.) finden sich auf f.2^r.

Zwischen den alemannischen Sprachformen der deutschen Glossen
stehen im Genesiskommentar auch eine Anzahl mittelfränkischer. Der
Schreiber dieser zeichnet sich durch die Verwendung von : für den
Buchstaben a aus,[2] so in genetha 17^r, hémena 50^v, uuat 59^r,
gethesuuat 59^r, that 59^r.

LITERATUR

Aus der einschlägigen Literatur sei hier das Nötigste verzeichnet:
Über die Quellen von Hrabans Genesiskommentar orientiert B.
Hablitzel, Hrabanus Maurus. Ein Beitrag zur mittelalterlichen
Exegese. Biblische Studien, Band XI, Drittes Heft, Freiburg i.B.
1906; über Hrabans Entlehnungen aus Isidors Etymologien vgl. Elisa-
beth Heyse, Hrabanus Maurus' Enzyklopädie 'De rerum naturis',

[1] vgl.Gl.5,230,9. 236,25.   [2] vgl. W. Levison, England and the
Continent in the Eighth Century, Oxford 1941, p.291. B. Bischoff,
Mitteilungen des Instituts für österreichische Geschichtsforschung
LXII (1954) 16; ders. in Stammlers Deutsche Philologie im Aufriss,
S.443. J. Schatz, Ahd. Grammatik, Göttingen 1927, S.5.

Münchener Beiträge zur Mediävistik und Renaissance-Forschung 4,
München 1969. Zu Hrabans geistiger Bedeutung ist der wichtige
Aufsatz P. Lehmanns in Erforschung des Mittelalters III, Stuttgart
1960, S. 198-212, zu vergleichen. Ferner sei verwiesen auf H.
Borks Artikel über Hraban in W. Stammlers Deutsche Literatur des
Mittelalters. Verfasserlexikon II, Berlin u. Leipzig 1936, Sp.
494-506, und K. L(angosch), ebenda V (1955) Sp. 423f.

Zu Walahfrids Kommentaren ist vor allem P. Lehmanns Aufsatz im
Zentralblatt für Bibliothekswesen 45 (1926) 116ff. einzusehen.
Weitere Literaturangaben bei K. Langosch, Verfasserlexikon IV
(1951) Sp. 734-767, und Hannemann, ebenda V (1955) Sp. 1111f.
Eine Sammelhandschrift Walahfrids, die seine geistigen Interessen
und deren Entwicklung im Laufe von Jahren verfolgen läßt, hat
B. Bischoff im Beiheft 75 des Zentralblattes für Bibliothekswesen,
Leipzig 1950, S. 30-48,[1] erschlossen. Ferner verweise ich auf
J. de Blic, L'œuvre exégétique de Walafrid Strabon et la Glossa
ordinaria, Rech. Théol. anc. méd. 16 (1949) 5-28.

ZUR HERKUNFT DER HANDSCHRIFT

Man erwartet ein Wort über die Herkunft der Handschrift, die
nach den bibliothekarischen Einträgen zu schließen, bestimmt schon
im 18. Jahrhundert in St. Mihiel war.

Dorthin muß sie aus einer Bibliothek Alemanniens gekommen sein,
und angesichts der Quellen, die im Text verarbeitet sind - und die
ich durchaus nicht alle ausfindig machen konnte - kommen aus diesem
Gebiet wohl nur St. Gallen oder die Reichenau in Frage.

Bernhard Bischoff hat in seinem so vieles klärenden Aufsatz
Paläographische Fragen deutscher Denkmäler der Karolingerzeit,
Frühmittelalterliche Studien 5 (Berlin - New York 1971) S. 108,
die Schriftheimat der ahd. Benediktinerregel in St. Gallen fest-
gelegt[2], entgegen der von Steinmeyer, Die kleineren althoch-

---

[1] *wiederabgedruckt in Mittelalterliche Studien II (Stuttgart*
1967) 30-51.   [2] vgl. auch S. Sonderegger, Althochdeutsch in
St. Gallen (St. Gallen - Sigmaringen 1970) S.69.

deutschen Sprachdenkmäler (Berlin 1916) S.287 und 289 vermuteten
Entstehung in der Reichenau.

Die Ansicht, daß auch unser Denkmal in St. Gallen entstanden
ist, läßt sich, glaube ich, durch die zahlreichen Übereinstimmungen
mit der Sprache dieses Denkmals und der Notkers und anderer eben-
dort beheimateter Texte ausreichend stützen.

Es drängt sich nun die Frage auf: ist dort auch das in unserer
Handschrift so viel benützte Glossar *IbRd vorhanden gewesen oder
sogar entstanden?

Die Handschrift von St Mihiel muß ja eine Vorstufe der beiden
Einzelhandschriften benützt haben, da manche der Glossen, die diese
bringen, nur in je einer von ihnen überliefert sind, wie in II 0
allein tunhcel&on zu 27,1, pretulit zu 29,30, listigen zu 41,33,
listigo zu 47,6; in II R allein zi(leibu) 42,36, kestriune 43,16,
einliho 44,20 (fehlerhaft in 0).[1]

---

[1] im allgemeinen steht die Sprache unserer Hs. näher zu II R als
zu II 0. 7,13 duungeni läßt sich eher aus giduungani von II R er-
klären, wo gi ein Nachtrag zu sein scheint; giu 23,17 eher aus II R
als aus 0. Auch in vielen rein lautlichen Differenzen, die ich hier
nicht im einzelnen anführen will, bestätigt sich dies.

GENESIS

(3^r) (aridam) truchi ni. (VIII)

               thurri.   452A zu 1,9

(3^v) (Coete grandia) mihhila uischa[1]   1,21

(4^r) (quod[2]... prius) Vuele hez êr denne anderez   458D

5 (dignitatem) er uuir digi   459B

(7^r) Quando creatae[3] sunt, sidor se gescafana uur dun. 2,4

(8^v) per uices[4], herton   473B

interuallo, unt laze.   473B

inundare, ergiozzan.   473B

10 ea uidelicet parte ... excepta, ana daz teil   473C

(10^v) (sensus) fer stant nissida.   474D

spine, rucke beines   474D

(11^r) Paradisus.hortus deliciarum[5].uunne garto[6]. (II) 2,8

(11^v) (Aliunde[7] prohiberetur.ut ei ipsa oboedientia uirtus

15   esset promerendi dominum suum) daz er imo ethes lich

       kebot kabe. daz er uue ren scolti.   477B

(12^r) (fontes) ur springa.   478A

(15^v) (n⌐ominibus⌐.s⌐uis⌐.) nominibus suis.mit iro namon. 2,20

(16^v) Uirago,.bare[8]   2,23

20 Uirago. frabare barn.(VI.VII) ł comminin.(X)

quia[9] de uiro suo sumpta est.

wiederholt (verwischt) auf dem Rande Fra bari barn uirago

ł comminin.quia de uiro suo sumpta est   2,23

(17^r) (motus) gireth:

25   gelust.[10]   486D

(19^v) (ad concupiscendum, ad libidinem) :ereda inde gelusta

    .... der anderesi[11]   489B

---

[1] *vgl.Gl.3,684,12. Es folgt* Coete...corpora, Isidor, Et.XII 6,8; *vgl.* Hraban, PL 111,237C/D.Gl.5,230,2   [2] quid Ed.   [3] creata Vulg. s.Laa.   [4] *die Hs. hat* Non semel ascendit.sed ita per uices sepius ascendit.et rediit   [5] *vgl.* Isidor, Et.XIV 3,2.(Gl.5,233,11f.) Hraban, PL 111,334AB   [6] *das ganze nach...dubitare non licet 476C eingefügt; die dt. Gl. am Ende der nicht vollen Zeile kleiner und etwas erhöht beigeschrieben*   [7] alicunde Ed.   [8] *Anfang verwischt* [9] quoniam Vulg.   [10] *zu* non pudebat illos *über* confundebantur 486D *eine verwischte Randgl.*   [11] *angeschnitten, teils unleserlich; das Ende der Gl. bezieht sich wohl auf* se inuicem *des Textes*

(20^r) Perizomata grece.laƀ. succinctoria[1] de foliis fici
         facta.quę in modum femoralium.pudenda texerant.[2]
         umbe suueif. (*vgl*.XV)
         umbe uengida.
5   pehelida. (*vgl*.VIII)   *vgl*.491D

    gratia, liuf sami.
            suozi.   491C

    (indecens) un chûs kes.
            hônliches.[3]   491C/D

10 prurientia, urentia.prinnente.   491D

    significatio, an bou chen nussida.[4]   491D

    (conuinceret) dat he res ferlougenen ne mahte.   491D

    (Male) sunti glicho.   492A

    (20^v) (ad.a⌠uram⌡.p⌠ost⌡.m⌠eridiem⌡.)cethemo uuedere.(*vgl*.XVI)
15 Ad auram post meridiem.anthero chuoli after unterne.[5](IV.VI.
    VII.VIIc.VIII)   ± after mittemo dage.   3,8

    (21^r) (quos tamen numquam permitteret[6] aduertere) Si dőr
    doch sȋio nionaltre neuuolta kelazen ferstan.   493A

    (amplius quam erat illa poena.) mer den ne so ouch daz uui
20 ze no ti.   493B

    (21^v) (aduerti) fer stanten uuesan.   493B

    concupiscentialiter, huor lust licho   493B

    (24^v) (quem in adam perdiderunt) er mah teh z fersculden[7] 499D

    (25^r) (replicatum est incaput superbi.) uber sin houbit.
25   pecherit ist.   500A

    (quo exitu, i.fine) ce uuele hemo ente.   500A

    ambigua, duplex.zuif lig[8]

    (25^v) (⌠et ordinauit⌡cherubim) en gil chunne.   500D

    (27^r) Malleator.hamarslagare.(VII.VIIc.*vgl*.X)   4,22

30 (27^v) (Gigan⌠28^r⌡tes grece.terrigene. Ge.grece terra
         dicitur.) Viri famosi mȃrra (II.X.*vgl*.XV)
                    liu ment hafta.   6,4

    (28^r) leuigatis.keslihten.(II.VII.VIIc.XV)
            kehasenaton[9]
35   geskehseten[10]
            gescaffoten.(VII)   6,14

---

    [1] *vgl.Beda, PL 91,55B*   [2] *vgl.Isidor, Et.XIX 22,5. Hraban, PL 111,*
570.Gl.5,139,8.39f; durch b *über* Perizomata, a *am Rande mit Ver-*
weisung auf Ibi...gratia und ç *ebenso auf folia ficulnea (491D) ist*
wohl Umstellung angedeutet   [3] *Genitiv als ob die Gl. von einem dt.*
niwiht *für das vorangehende nihil abhängig sei*   [4] *da unterge-*
schrieben   [5] *vgl.Gl.5,233,25f.*   [6] *permisit Ed.*   [7] *den unterge-*
schrieben   [8] *Uel quia secundum quosdam ambigua est locutio Beda,*
PL 91,212 B/C   [9] *Graff 4,1047f.*   [10] *Graff 6,42.Gl.1,434,17*

Bitumine. erdlime (IV.VI.VIIc.XI)[1]
      chleibe.   6,14

Cenacula.muos stete. (IV.VI.VIIc)[2]   6,14

Tristega,[3]i.dri di li (XV)   6,16

5 Cateracte.fenestre[a][4].himil rin nun. (II.IV)
          himil geberg (vgl.VI.VIIc)   7,11

(28[v]) (In articulo[5]) engâh
          duungeni. (vgl.II.X)   7,13

(29[r]) Vegetat.confortat[6], fuorit (II.X.XIII)   9,15

10 Exercere terram.arc̣on.   9,20

Verenda i.uirilia kemaht.   9,22

(30[r]) Lateres ciegal steina. (vgl.IV.XIV)   11,3

Pro cemento flaster. (IV)   11,3

Inde cementarii.murrarra.   zu 11,3

15 (31[r]) Expeditos ad bellum promptos.[7] fertiga (IV.VI.VIII)
                   karauua. (IV.VI)
                   kerusta. (vgl.II)
et qui non fuerunt uxorati.   538D(14,14)

Vernaculos in burien. (II.V.VI.VIII.X.XI)
20   inchnehta. (XI)
         huschalca.   14,14
qui infra domum ꝉ familiam nutriti. et educati sunt.[8]

(31[v]) diuisit,cersluog.[9]   zu 15,10

Altrinsecus.eregione engagene. (vgl.V.VIII)   15,10

25 Abigebat eas dana treib. (vgl.XV)
        uuiez (II)
        u[u]erita. (II.X)   15,11

(32[r]) Congregatus,kestatoter[10]

(32[v]) Dispectui[11]m[e].h[abet].ceuuidersihte.
30   ceuermanungo.   16,5

(33[r]) (inuia sur) solitudo.einnote.   16,7

---

[1] vgl.Gl.4,685,37   [2] es folgt Isidor Et.XV 3,7. Vgl.Gl.5,230,3
[3] es folgt tri.camerata. Vgl.Gl.5,140,8.37.233,7   [4] vgl.Gl.5,140,
11f.41.233,7. Ferner 4,221,29 und 231 Anm.4. Es folgt Cateracte
dicuntur.conclusiones uel soliditates aquarum quę super firmamentum
sunt wie in S.Gallen 296: Hattemer 1,317.   [5] es folgt diei iđ in
hora diei.ꝉ in momento vgl.Gl.5,140,14f.42   [6] Gl.5,140,27. PL 83,
1303A   [7] vgl.Gl.5,228,27.231,3.230,17f. promptos über bellum geschrieben   [8] vgl.Gl.5,230,18. Hattemer 1,317   [9] in einem nicht-
Hrabanischen passus...per medium. iđ a capite usque ad caudam sicut
hodieque uictime solent occidi...   [10] am Ende einer Erläuterung zu
15,15   [11] despectui Vulg.,vgl.Laa.

(33^v) Vtere ea.niuz sia.(X)   16,6

Ut libet sose dich luste[1]   16,6

Emptitius[2] id seruus.qui emitur pretio. cho ufschalc (II.VII.XI)
                                      choufmana houbit. 17,12

5 (34^v) In conualle indemo tobele.   18,1

feruore ardore.streden.(II)   18,1

Clamor sodomorum ruom (VI.VII.VIII)
              gelb.(VII)   18,20

azima.azimus est panis sine fer mento. sincerus[3].derbbrot. 19,3

10 Generum eidā.(II.X)   19,12

Aduena.zuo qhuemo.(V *zu* 23,4)
        chomener.(II *zu* 23,4)   19,9

Sulphur erd fiur.[4](IV.V.VI)   19,24

Spelunca steinloch.(II)   19,30

15 (35^r) Quid uidisti ut hoc f[aceres]? quid tibi uidebatur.
 ł quid tale hic occurrebat.unde hoc faceres? uuaz u^{v}asdir
geduht uuaz mein dostu mit diu.   20,10

Aliās autem u[ere].s[oror].m[ea].e[st]. alles uuio ist
souch só uuâr hafto.   20,12

20 Mille argenteos thusent scillingo.
             ł thusent silabarlingo.   20,16

In uelamen in fure helida daz dir nioman fure (*darüber* ł
unter).ougen fersla hen.alde uer uuerfen nemuge.quin a rege
honorata sis   20,16

25 (35^v) Lactaret suocti.[5]   21,7

similiter,gelicho   565D

Sagitarius scuzzo   21,20

Eregione pro[cul]. dar engagine[6]   21,16

(36^v) Increpauit.erstouta.(*vgl.*II Increpuit)   21,25

30 Inierunt f[oedus]. anage giengan.   21,32

Agnas chil berrun.(II.VIII)   21,28

Ligasset[7] (*darüber* ligatis pedibus) kebunte   22,9

---

[1] *vgl.auch Gl.4,222,4. Es folgt* id fac in eam quod uis.   [2] *vgl.
Gl.5,231,12*   [3] *Isidor, Et.XX 2,15. Hraban, PL 111,590A*   [4] *vgl.Gl.
4,685,36. Es folgt* Sulphur potest nutrire ignem.(*vgl.Isidor, Et.XVI
1,9)* Nam statim incenditur si prope fuerit. Sulphur uocatur.quia
igne accenditur. ur enim ignis est...bis in insulis eoliis *d.i.
Isidor a.a.O. Hraban, PL 111,458Df. Vgl.Gl.5,230,3.43*   [5] *l.* soucti
[6] *i aus e korrigiert*   [7] conligasset *Vulg.* colligasset *Hraban, PL
107,567A*

Struem.uuito (*vgl*.II In struem)
        hufo (X)[1]
        ke uolehem. (VIII.*vgl*.V In struem)   22,9

uepres[2],pramon (II.X.XV)   22,13

5 herentem,haftenten (II)   22,13

(37[r]) Ius.lex. ł potestas hic dicitur ke uualt.[3]   23,4

Quin nube du.   23,6

Intercedite. keari[n]tont[4]
        kedingont.   23,8

10 Pecunia digna.mit keuuer dotemo scaz ze.   23,9

Valet.uuerd ist
        tiure ist.   23,15

(37[v]) Sed quantum est hoc pretium·.·s⌜epeli⌟.m⌜ortuum⌟.
t⌜uum⌟. souuio michil sose daz uuerdnusî.souuio[fil]soses nu
15 sî. Da inquit quantum uelis.sose dir gemach si unte liupsi.23,15

Appendit pecuniam vuag.   23,16

(memorias ... mortuarum[5]) leger faza.[6]
        kehugte.[7]
        keuuat.[8]   571A

20 (38[r]) Probati[9].ke uuer dotes.   23,16

Monete publice.frono muni[z]ces.(II)[10]
        chuningliches munizes.   23,16

quondam.giuer.(II)   23,17

pondo,vua go   24,22

25 Destra⌜38[v]⌟uit c⌜amelos⌟.ent satelota.[11](IV.X.XII)
        ent soum[e]ta.   24,32

(38[v]) Imprecantes (*darüber* adoptantes) ... anabetonte.(II)[12]24,60
[de],ambulabat ... kangerota.   24,62

Ad meditandum in agro.celirnenne.(II) i.adexercendum se.
30 ad sagittandum.cesc[o]zzonne.[13] sicut iuuenes solent facere[14]24,63

femore,hûffe (*vgl*.XVI *zu* 24,2)   24,9

---

[1] *vgl.Gl.4,220,10.5,230,43*   [2] *vgl.Gl.5,231,1.230,3. Zum folgenden* Dicti autem uepres quod uî prendant *vgl.Isidor,Et.XVII 7,60*
[3] *alles auf dem Rande eingeschaltet*   [4] *vgl.* giarinden *Ahd.WB.1,641*
[5] mortuorum *Ed.*   [6] *vgl.MSD* II 35 zu Muspilli 82   [7] *das* h *angeschnitten*   [8] *l.* keuuaht   [9] probatae *Vulg.*   [10] frono *Gl.1,287,21* zu Gen.47,22 moneta 283,71 zu 23,16   [11] *vgl.Gl.5,230,41f. 232,5*
[12] *vgl.Gl.1,271,18 und Anm.*   [13] *fehlt in II*   [14] *vgl.Hraban, PL 107,* 577C

(Nos dicimus iurasse^{eum}in semine abraae.hoc est in christo.
qui ex illo nasciturus erat.) ich suuerro dir pe demo der
fone dinemo samen chumftig ist.   571D

Super ulnam suam uber iro arama.   24,18

5 hidriam uuazzar faz.^{1} (IV *und* V *zu* 24,14)   24,20

(39^r) In canalibus.introgan.(VII.XVII.XVIIc)
                      uuazar trogan (IV.V)   24,20

Prosperum iter spuat lich.(II)   24,21

In aures aureas culdina or ringa.(IV.V.VIII^2)   24,22

10 Totidem.eben manago.(II)   24,22

Armillas armbouga.(VII.VIIc.VIII.VIIIu. *vgl*.X)^3 24,22

Palearum.heleuuon.
          strõ uues.(II,XVII *und* XVIIc *zu* 24,32)   24,25

Locus spatiosus.rumiu stat.(II)
15   vuîtuo uelig.^{4} 24,25

(39^v) Theristrum^5 aestiuum pallium.sumer fano (II *zu* 38,14)
                           houbit pant.   574A

Eregione m[ambre].engagene.   25,9

(40^r) Et^6 collidebantur,kechnuset uuortan (II)
20   roorten sich^7
                  fersto zet uurtan.^{7}
paruuli in utero eius iđ mouebantur,checheton   25,22

calcitrabant,spor noten   580D

Gemini. ke zuuinelan.   25,24

25 (pilosum) ispidus yrsutus pilosus ruer.(VIII *und* XV *zu*
hispidus)   582A

implexerat,umbifialt   582B

Adultis keuuahsenæn.^{8} (II.V)
             kezogenen.   25,27

30 Vir gnaṛius.cunstiger (II)
               listig.   25,27

(de coctione) gesode.(II)   25,30

Oppido ualde drato^9 (VIII)   25,30

Lassus sum muo der bin.   25,30

---

^{1} *es folgt* Hidor *enim grece aqua dicitur aus Isidor,Et.XX 6,4.*
Vgl.Gl.5,230,3f. ^{2} *glossieren nur* Inaures; *vgl.Gl.5,231,4*
^{3} *vgl.38,18* ^{4} *adj. zu* uuituobeli *Graff 1,71.771. Sehrt, Notker-*
Wortschatz 614^a, und Notker-Glossar 299 ^{5} *die Gl. gehört zu 574A*
pallium (24,65); vgl. dazu Hieronymus, PL 23,1025,8ff. und Isidor,
Et.XIX 25,6 ^{6} Sed Vulg. ^{7} *auf dem Rande* ^{8} *vgl.Gl.5,228,38.*
231,5. Hieher 4,223,14? ^{9} *vgl.Gl.5,230,43*

(40^v) Uende mihi inquit primogenita tua kelaz mir dina era.25,31

Lentis.linsi.(V)[1]   25,34

Edulio.azze.(II)
      Muose.(X)   25,34

5 Sed quiesce interra. Q⌈uam⌉.D⌈ixero⌉.kestant.
                              kestaton.   26,2

Iocantem.ludentem.Forte more sinhion.[2] amantium.inuicem se
osculati s⌈unt⌉.halstont.
                 vnte chuston.   26,8

10 Perspicuum est.manifestum est.[3] Ougsiunig.   26,9

Obstruxerunt.**peuurfan.**
            faruuorahton.(II)   26,15

adtor rentem c&ale.   26,17

Expulistis vzfertribent.(*vgl.*II)   26,27

15 Attigimus ruortonmes.(*vgl.*II)   26,29

Lederet deriti.   26,29

Caligauerunt.tunhcel&on.(II 0)
               nibelton.(II)   27,1

Venatu[4] iagode.
20   vueido.   27,3

Lenis slehter[5] non pilosus.[6]   27,11

Attr æctauerit kebantelot.
          kreifot.
          kefuolazzit.(II)[6]   27,12

25 (41^r) offenderant ... erbalcton.(II)   26,35

Coxerat puoch.   27,17

Quibus inlatis afilio zuoprahten.
             furegetragenen.   *zu* 27,18

Expresserant.pilidoton.(V)   27,23

30 Hausto.ketrunchenemo.(V)   27,25

(41^v) Incuruentur keneigituuerden.(*vgl.*II)   27,29

Dudum mihtunt.   27,33

Fravdo lenter ficeslicho
            pisuuilicho.(II)   27,35

35 Supplantauit pescrancta.(II)   27,36

---

[1] *vgl.Gl.5,231,5*   [2] *Graff 4,1067.Gl.2,174,20. Sehrt, Heliand-Wörterbuch 465^a. Lagenpusch, Das germanische Recht im Heliand, Breslau 1895, S.24*   [3] *vgl.Gl.5,142,28.49*   [4] *vgl.Gl.5,231,6* [5] *vgl.Gl.1,813,19*   [6] *diese Gll. auf dem unteren Rand nachgetragen*

Subripuit unter chrifta.(II)   27,36

Subiugaui.unterrio uchta.(II)   27,37

Stabiliui.kestatota.(*vgl*.II)   27,37

indignatur,erbalcsih   588D

5 desuper,da nan obene[1]   27,39

(42[r]) orbabor, er stiufit uuirdo.(II.X.XV.XVI)   27,45

Tedet me u[ite].m[ee].ardruz zit.(II)
                   zurlustit.(II)
                   Leidist mir der lip.   27,46

10 Auo t[uo].anendinemo.   28,4

Cacumen spiz (II)   28,12

Innixum s[cale].innitentem[2] analinenten (II.VIII.X)   28,13

(42[v]) Accumbantes.[3] iacentes.sizzente.   29,2

Refectis g:[4] ketranchten.   29,3

15 Sanus heiler.
        keisunt.   29,6

Valet imo ist uuola
                gesunt.   29,6

Caulas.[5] euueste (II)
20   stiga.   29,7

Pastum vueida.   29,7

Consobrinam suam sines oheimes tohter.[6]   29,10

Gratis arauuon (II.*vgl*.VIII)
              ingemeitun.   29,15

25 (43[r]) Lippis infirmis oculis.ple he no kiồ.[7] (IV)   29,17

Copule (*darüber* coniunctioni[8]) prutloufti
                   kehileiches.
                   kemachido.(II.V.X)   29,27

Adquievit.kehancta.   29,28

30 Potitus nio zente.(II)[9]   29,30

Optatis.ke gerotồn.   29,30

Pretulit[10] furebrahta.(II)[11]   29,30

---

[1] *auf dem oberen Rand nachgetragen*   [2] *vgl.591C*   [3] *accubantes Vulg.*   [4] *ein Buchstabe ausgewischt, l.* gr[egibus]   [5] *l aus s gemacht*   [6] *es folgt Isidor,Et.IX 6,14 bis...nati*   [7] *über der dt. Gl. steht* et lippa inuenitur   [8] *vgl.XV(315,49). Gl.5,143,23.53.228,40. 231,9. PL 83,1304A*   [9] *vgl.Gl.5,231,9*   [10] *so mit* II O *gegen* protulit R   [11] *es folgt* i.dilexit rachel magis quam liam *Hraban, PL 107,596D. Vgl. Augustinus, PL 34,571,Z.14 = CSEL 28 II 46,6. Beda, PL 91,255C*

Contemptui.[1]hodio haberi[1] ce hazze.
                    ceuermanungo.[2] (vgl.II.V)   29,33

Infecunda.sterilis[3] umbera.   30,1

Inuidit sorore id zelauit sororem suam.[4] zurn ta.
5   erbunda.   30,1

Priuauit.peskerita (II)   30,2

(43[v]) Iudicauit m[ihi].d[ominus].stuont pemir.   30,6

In ualui.kemageta.(II.X)   30,8

Desisset[5] stal gabe.(II)   30,9

10 Preripueris.fure chriftost.(II)
                    kename.   30,15

Conduxite.p[ro].m[andragoris].gemietta (II.VIII)   30,16

(44[r]) Ditauit.keôtegota.[6](II und XVI zu 14,23)   30,20

Hac uice.hoc tempore.ce dirre stunto.unte fur der.   30,20

15 Abeam.hina fare.(II)   30,26

Experimento. er suohnussido.(vgl.VIII.XV.XVIII)   30,27

Prouideam goumen neme   30,30

Uarias fehiu.[7]   30,32

Sparso[8] u[ellere].kespranctemo scapere.(II)
20   (44[v])flechotemo.[9]   30,32

(44[v]) Fuluum.[10] eleuuaz.(II.IV.V.VIII.X)
                    unte bla uuaz.(VIIIq)   30,32

Tecum, dinanhalb   603A

Mecum, minanhalb.   603B

25 Respondebit ... presens erit.kagenuuarte uuisit.
                    pechumit.   zu 30,33

Placiti tempus. dinges cît.(IV.V)[11]
                    sose des cît.ist.   30,33

deputauit.[12] kemeinta.   zu 30,33

30 furti me arguent.refsant mihc[13] diubono
                    ungetriuuido   30,33

(45[r]) Gratum habeo.q[uod].p[etis].liup[14] ist mir daz du
                    pitist.   30,34

---

[1] vgl. PL 107,597A[5]   [2] o zu e gemacht? Vgl.Gl.5,231,10.15   [3] vgl.
596A   [4] vgl.600A   [5] desiisset Vulg.   [6] es folgt Aliter Dotauit
me deus d[ote].b[ona]. s.Vulg.   [7] acc.pl.neutr. bezogen auf scaf
[8] dazu am Rande i.discolores   [9] vgl.II.X.XVI zu maculosum des
gleichen Verses   [10] furvum Vulg.s.Laa.   [11] vgl.Gl.5,231,10.233,
24f.   [12] die Stelle lautet Ad superiorem sententiam respicit.ubi
varia.et maculosa.sibi deputauit.   [13] das c verwischt   [14] vgl.Gl.
1,280,39R.301,23.307,3.5,231,7

(Trium dierum iter) drio ta ga uueida.[1]   603B

Ex parte uuar unte uuâr.   30,37

Decorticauit. skinta. (IV.*vgl*.XIII)   30,37

reliquiesset,[2] li ezze   603B

5 Adquieuit placito thinge. (IV.V)
                    kedinguo.   29,28

Gira omnes g[reges].t[uos].umbe far. (VII)
                    ± umbe ganc.   30,22

Populeas albarino[3] (II.IV.V.VIII)   30,37

10 (45^v) Platanus[4] est arbor.i.ahorn.[5] (II.IV.VII)   *zu* 30,37

In hunc modum.cedir ro uuis.   30,37

in canalibus.ubi effundit.a[qua].l.in alue[46^r]is aquar um
uirgas opposuit in uuaz^zar trogan. Non enim reuera dicit ca-
nales, *darüber* chanalla, fontium.sed alueos   *zu* 30,38

15 (46^r) ascendeba^n tur, kar^a maloton uurtan.(*vgl*.VII *zu* 30,41) 604C

Calore vuarẹ̈mi.   30,39

Coitus.rammelodes.(II)
        kemiskido   30,39

(46^v) Iterum iđ altera uice, ce andero stunt   *zu* 30,40

20 Contemplatione anasco uuongu.[6] (*vgl*.II)   30,41

(47^r) Serotina spatiu.[7] (II.V.VIIc.*vgl*.XV)   30,42

Admissura.[8] kemischida.(IV.V.VIII)
        Zuolaz (*vgl*.VIII)   30,42

Inclitus stiure man   31,1

25 Animaduerterit.intellexit.fer stuont.
                    koumen nam.(II)   31,2

Nudius tertius.iđ die nunc tertia.ergestren.   31,2

Circumuenit me.id est mentitus est mihi
                umbe ficze sota mih.(VII)
30   petũmpta.   31,7

x.uicibus, cehan stu:nton[9]   31,7

conditionem, kedingun   606A

(47^v) pactum, unserage zumft   *zu* 31,9

fraudare, ferhin terran   *zu* 31,9

---

[1] *es folgt* i.quantum cum teneris pecoribus itur nam cum fortior-ibus iumentis.plus potest laborari   [2] *das zweite e ausgewischt* [3] *vgl*.Gl.5,143,34.232,4.-*Es folgt, gekürzt, Isidor, Et.XVII 7,45. Hraban, PL 111,519B*   [4] *platanis Vulg.*   [5] *es folgt Isidor, Et.XVII 7,37 bis vocant. Hraban, PL 111,518C*   [6] *letztes u aus a gemacht* [7] *vgl*.Gl.5,232,4f.   [8] *vgl*.Gl.5,231,17   [9] *zwischen u und n ein o ausgewischt*

(48^r) residui, celeibo (II.X)   31,14

(opes) opes$^{\perp}$he†te^1 31,16

et iuris nostri esse debuerant.scolton unser perehte uuesen.
                                                         zu 31,16
quasi alienas, fremida.

5   fure manahoubit   31,15

traditas esse.fergifta.   zu 31,15

inuidiose ... fiant licho   zu 31,15

(48^v) Consecutus eum. erfarente inan
                erdisente.^{2} 31,25

10 [ut]Clam me.daz du toug^{e}no.   31,26

Abigeres ent fuort ist   31,26

per uim, mit nôt   zu 31,26

Non es passus.^{3} nedultost.(II.vgl.V)   31,28

Esto.hîc aduerbium est eligendi.uulano., darüber uulno
15 (vgl.IV)^4 31,30

Numquid etiam deos meos furari debueras? s^{c}oltosto diu^{h}al^{ht}
mir stelen.^{5} zu 31,30

Quod inscio te.pro[fectus].s[um].daz ih dir un [49^r]
vuiz zentemo.dana fuor.   31,31

20 (49^r) uiolenter nôte.
                notnumfelicho
id per uim mihi illas abstulisses.   31,31

subter stramen,^{6} gesuome   31,34

iacuit, lâg   31,34

25 Assurgere uf stan.   31,35

Sic delusa est so petrogan uuard.(II.IV.V)^7 31,35

Tumensque iacob.suellente
                bel gente sih.   31,36

Exarsisti.erbluhetost.(II.X)
30   erbrunne.   31,36

Suppellectilem êhte
                keziug.(II.vgl.XVI)
                azzase (II.X)
                al in bu.(II)   31,37

35 Pone hic.yronicos dictum est legez hier nidar no.^{8} 31,37

---

^{1} d.i. hehte ^{2} l. erdinsente ^{3} vgl.Gl.5,231,16 ^{4} vgl.Gl.5,
231,16 ^{5} die Korrektur ist mir nicht klar: auf abgot würde das
neutr. diu führen (Ahd.Wb.13ff.Starck-Wells, Ahd.Glossen-Wörterbuch
1,13). altcot bei Notker für Saturn und halbcot sind masc.
^{6} stramenta Vulg. ^{7} vgl.Gl.5,231,17 ^{8} über no statt nu s.MSD
II^3,65

Et iudicent inter me et te. daz sia unter uns zuein
ertellen.   31,37

Nec captum a bestia subter aliquid de gregibus tuis.
                                    kenomen.
5   alde erbizzen.   31,39

Damnum scaden.(II)   31,39

Exigebas.ersuohtost.(II)   31,39

Estu.hizza   31,40

urebar.bran.   31,40

10 Et gelu.froste.   31,40

subter frigebam froreta.   *zu* 31,40

(dixit)[1] gesprahc.
          gemeinta.

(49^v) (asp̄ribere) pecellen,
15   kemeinan[2]

inter se pacti sunt.unter în dia ge zunft taten.[3]   *zu* 31,41

placito, fone gedingun[4]

(50^r) Nonne ideo tamdiu et tanto tempore tecum fui.et tibi
tam fideliter seruiui.quatenus hoc a te pro mercede con-
20 sequerer.ut me modo nudum sublatis omnibus quę habeo abire
dimittas? nuhaben ich mina arbeit uuola gelegit.nulonosto
mir uǒla minero arbeito.unte mines dionestes managfaltes
                                                        zu 31,41f.

tibi concedo.dir cestiuro.kela^zzo.   *zu* 31,43

25 Quid autem faciam filiis.et n⌊epotibus⌋.m⌊eis⌋? Vuaz maich
aber^{sea}_,stiurãn.   *zu* 31,43

Ineamus, anagegames   31,44

fedus.kezumft.   31,44

Tumulum.aceruum.huffen.[5] (II.X)   31,46

30 (50^v) Intueatur anase he.(II R)   31,49

quando recesserimus a nobis after des sose uuir skeiden.   31,49

(domoueniens) hé men:[6]   *zu* 31,52

transiero, fúri faro   *zu* 31,52

per timorem quo isaac timebat[7] deum.[8] pesinero chuoti. *vgl.* 608B

35 commendauit,[8] ge liu ueta[9]   *vgl.* 608B

---

*[1] vgl.Augustinus, PL 34,572 XCV dixisse. CSEL 28 II,49   [2] erstes
n angeschitten   [3] Augustinus, PL 34,573 XCV. CSEL 28 II,p.49. pacti
sunt in der Hs. nach taten, durch Verweisungszeichen umgestellt
[4] Augustinus, PL a.a.O. CSEL, a.a.O.   [5] am Rande nachgetragen
[6] d.i. hêmena   [7] m aus b gemacht   [8] beide Stellen aus Augustin,PL
34,574C. CSEL 28 II,51   [9] d.i. geliubeta*

Legationem.poten.

        potescaft.   32,5

Perterritus keskiuter.   32,7

Reliqua est celeibist.[1]   32,8

5 (51^r) (explesti)[2] er fultas

        ge uuerotas.   *zu* 32,10

(In baculo meo.) mit mine mo stá ue.   32,10

Fetas.zuhtiga.[3]   32,15

Spatium rum.$_\text{v}$(*vgl.*II *zu* 30,36)

10   uuito ouile.   32,16

Priori demo for dro sten.   32,17

Ob uiam[4] engage nenten. (*vgl.*II)   32,17

que̦ sequeris nah dien du gast.   32,17

Insequitur.nah ferit.

15   folget. (*vgl.*II)   32,20

Placabo kehuldo.(II.V)[5]   32,20

Mature fruo.(II.VIII.XVI)

       kecito.   32,22

uadum, furt.(II.XVII.XVIIc)

20   uuat (II)   32,22

hoc amne transmisso uber fare nemo   609C

Transductis.uberebrahten[6]   32,23

luctabatur rang.   32,24

neruum, uualto uuasen (II)   32,25

25 (51^v) Dimitte me.fer la mih.   32,26

Aurora.tage rod.(II)   32,26

(52^r) In principio.ce for drost.[7](VIII)   33,2

(Secundo loco.) i.medio an mitten.   33,2

Nouissimos.aftrosten.   33,2

30 Stringens.circumdans umbefahente.   33,4

Quid sibi uolunt isti.uuaz sculen disiu.[8]   33,5

Extremi.aftrosten.   33,7

Mvnusculum.diz luzila ouelei.   33,10

Sic enim, sogerno   33,10

---

[1] *zweites i̦ aus e gemacht*   [2] *vgl.Augustinus, PL 34,574 CII. CSEL
28 II,52,2*   [3] *g aus n gemacht?*   [4] *obvium Vulg.s.Laa.*   [5] *vgl.Gl.5
231,18*   [6] *t aus a gemacht*   [7] *vorher geht zu 32,30 Phanuhel.facies
dei (610B).i.medio in mittemen (dat.zu sw.masc. mittemo); von medio
an unterstrichen also getilgt; vgl. die folgende Gl.*   [8] *disiu bezogen auf* chint *für* parvulos

adulationem, fleha 613A

(52^v) Benedictionem.ôuelei 33,11

Teneros.marauuo. 33,13

Saltim.[1] doch.(II) 33,15

5 Fixis.t⌈entoriis⌉.id est extensis keslagenen. 33,17

Vĩ opprimens u⌈irginem⌉.not zogonte. 34,2

Conglutinata est zuochilibita. 34,3

Blanditiis.flê hon (II.V) 34,3

(53^r) Deliniuit.lochota.
10   slihta.(V)[2] 34,3

Fedam rem.unchuska sacha.(*vgl*.II) 34,7

Vicissim.anter uuihsilicho.[3]
inuicem unter uns. 34,9

Exercere.uobent.(II)
15   artont.(II) 34,10

Statueritis.kesez zent
       findent. 34,11

Augete d⌈otem⌉.ouchont.
       meront 34,12

20 Oblatio.e⌈orum⌉.urbot.(II.V.VIII)[4] 34,18

Nec distulit.ne altisota
       ne uf slagota. 34,19

quin.nerer.(*vgl*.II *zu* 23,6)
      nuber. 34,19

25 Inclitus.marer
       stiureman. 34,19

Vnum est.einsacha ist. 34,22

quo[5] differtur..in diu ke uf sla goist[6] 34,22

Tantum bonum so guot ke zumft. 34,22

30 Ritum.morem.sito. 34,22

Assensi[7] sunt ... consenserunt.kehancton. 34,24

Arreptis.kechriften. 34,25

Confidenter baldo.(*vgl*.II) 34,25

Depopulati sunt.be herrotun.(II) 34,27

35 Odiosum leiden (II) 34,30

Vt scorto iose huoron 34,31

(Abuti.)un rech to niatan. 34,31

---

[1] saltem *Vulg*.   [2] *vgl.Gl.5,231,19. 2,230,63 und 236,58*
[3] o *verwischt*   [4] *vgl.Gl,5,231,19*   [5] quod *Vulg.s.Laa.*   [6] *l.* keufslagot ist. *Vgl.34,19*   [7] adsensi *Vulg.s.Laa.*

```
    Surge bure dich.                                          35,1

    Ascende.bethel.Situm terrę ostendit.hoh lente.¹          35,1

    Conuocata cesamene.keuuistemo.²                          35,2
                              a
    In medio uestri s⌈unt⌉ vnter iusint.                     35,2

  5 mundabimini³ lauamini, padont                            35,2

    Surgite. burent iuih.                                    35,3

    Infodit.pegruob.                                         35,4

    (53ᵛ) Inuasit pef ieng
                pechrifta.(vgl.II)                           35,5

 10 c⌈ognomento⌉, miltenamen (II)                            35,6

    (54ᵛ) Cum parturiret.danne sih karati ceperenne.(II)     35,16

    Ob di f ficultatem.durah unsenfti.                       35,17

    Pereclitari.infirmari enfreison ꝟuesan.                  35,17

    Obstetrix.heuinna.
 15            Ⱦ heuilla.
               Ⱦ mediatrix, lacha                            35,17

    Titulum.signum.ceichan.
    memoriam.kehucht.                                        35,20

    Fixit tabernaculum.i.extendit⁴ sluog.                    35,21

 20 (55ʳ) Concubina chebis.                                  35,22

    Peregrinatus est.ele lente uuas.                         35,27

    (56ʳ) polimetam.⁵ multicoloram id uariam.⁶
                            keflumota.(vgl.XII zu 37,23)
                            feha (II.VII)                     37,3

 25 Seminarium. samô.
                ouch nga.⁷                                   37,5

    Fomitem incendium.⁸ Zuntra.(XV)
                zunt nussida.                                37,8

    Tacitus sui geliner
 30         undaralicho.                                     37,11

    Considerabat koumen nam.                                 37,11

    Veni.prepara te.ad iter.mache dih ce ferte               37,13

    Presto sum az hente pin.(II)
                ant uurte                                    37,14

 35 Post fratres suos.af ter in.
                    nah.in.                                  37,17

    Mutuo.inuicem inter⁹ in                                  37,19
```

---

¹ *mit Verweisungszeichen auf* Situm   ² *dat.sg.neutr.bezogen auf*
huse *für* domo ₆ ³ mundamini *Vulg.s.Laa.* ⁴ *vgl.*617D ⁵ polymiṭam
Vulg.s.Laa.   ⁶ *vgl.*622C ⁷ *l.* ouchunga ⁸ *vgl.Gl.*5,144,30 ⁹ *l.*
unter

Somniator, troumari.   37,19

(56^v) Prosint.fromasin.(II)

         pidirben.   37,20

Innoxias.inculpa^{bi}les unsuntiga.(II)   37,22

5 Talari tiufero.(IV)   37,23

Viatores farante man.(*vgl*.II)   37,25

Cisternam^1 i.in lacum,^{2} cruoba   624C

Resina,^{3} fliet.(*vgl*.II)   37,25

(Tertia⌊*sc*.resina⌉pinalis^4) arzouch^5 flied.(II)   *zu* 37,25

10 (57^r) incidatur ke houuan uuerde.^{6}

satiua, satlichero^6

Celauerimus fer helemes.   37,26

Sanguinem.necem slahta.   37,26

Negotiatoribus.choufon.   37,28

15 Vendiderunt ismahelitis·$^{s.pro}$.XXX.^{7} argenteis.pedrizzig

fenninga.   37,28

Tinxerunt.resperserunt.pesprancton.

             nazton.   37,31

Lenirent.klîhtin.   37,35

20 mala sua.sin leid.   625B

exaggerantis.mẽrontes.   625B

Eunucho.urfure.

      ⌊57^v⌉ ł trute.   37,36

(57^v) bellatorum.uuigmanno.   625C

25 Diuertit.kien g

         cherta.   38,1

Fetu.keburte.   38,4

Nequam.malus.malignus.reus ante dominum.^{8} fertan.   38,7

nominandi.cehezzenne.^{9}

30 Detestabilem.leidlicha.(II)

         fluochbarra (II)   38,10

Euolutis umbe uual zeten transactis.(*vgl*.II)   38,12

---

  ^{1} *zu* 37,24 ^{2} *es folgt* Cisterna est sine aqua.puteus habet aquam
^{3} *es folgt* est gutta ł gummi de arboribus profluens, *dann Isidor,Et.*
XVII 7,71. Hraban, PL 111,523B.1100C ^{4} *aus Isidor,Et.XVII 7,71.*
Hraban, PL 111,1100D ^{5} *links angeschnitten; l.* harzouch,*vgl.Gl.2,*
339,20 zu Isidor a.a.O. ^{6} *beide aus Plinius XII 68* ^{7} *viginti*
Vulg.(s.Laa.) und Hraban 624D; ebenso Hieronymus, PL 23,1045B, aus
dem der bei Hraban und in unserer Hs.folgende Text stammt ^{8} *vgl.*
627C ^{9} *der Text bezieht sich auf* 38,9: Si quos ex fratris uxore
procrearet filios.non sui.sed fratris filii essent nominandi

Opilio.scaf hirte.quasi ouilio[1] (IV.*vgl*.XV)   38,12

(Theristrum.palliolum est.[2]) sumarfano (II)   38,14

Habitu.carauui.(II)   38,14

In biuio itineris inge uuicche.(VIII.*vgl*.II)   38,14

5 (58[r]) Eo quod creuisset selâ.daz her geuuahsen uuare.   38,14

Suspicatus est uuanta (II)   38,15

Concubitu.kelegido.
          samant uuiste.(VIII)   38,10

Arrabonen.[3] i.pignus.fant.[4] (II.VIII.VIIIu.XVII.XVIIc)   38,17

10 Anulum.fingeri.
           finger ceichen.   38,18

Armillam.[5] armbouga.(XVII)   38,18

Coitum.samant uuiste.   38,18

Habeat sibi certe.m[endacii].n[os]. Nu habe siu.iro daz
15 sosez geuunnen eige.   38,23

Habeat sibi. Nu eige siuouch irodaz sosez keuunne.   38,23

(58[v]) coccinum, goteppenen[6] fadem (XVII.*Beitr*.85,*Halle 1963*,
117,202)
am Rande Coccinum.rezza.(VI.VII) genus enim coloris est[7]
20 uuormorotaz.(II.*vgl*.XVIII)   38,27

maceria, réf   38,29

apparuit, octa sic.   627C

Gubernabat.rihta.   39,4

Creditam pefola[r]an.(II)   39,4

25 Nec quicquam aliud nouerat nisi panem.q[uo].u[escebatur].
neteta[8] sich neuuit darana.   39,6

(59[r]) Iniecit[9] domina oculos s[uos].in.i[oseph].id amauit
eum.lustesasin.[10]   39,7

Adquiescens.kehenginte.   39,8

30 Molesta erat. Oppeticionem[11] stupri.unsenftiu (II)
                              duingantiu.   39,10

(Operis quippiam) ne uuet uu:t uuerkes.
                 gethes uu:t (*vgl*.II)   39,11

---

[1] *vgl.Isidor,Et.X 200*   [2] *d.i.Isidor,Et.XIX 25,6, das vollständig
zitiert wird. Bei Hraban, PL 111,575A/B fehlt der Hinweis auf Isaias
2,23. Vgl.auch Hraban, a.a.O.574A(Gen.24,65).Gl.5,229,39ff. 230,4.*
[3] *arrabonem Vulg.*   [4] *es folgt Isidor,Et.IX 7,5 bis bonum est und 6
bis conpleatur. Hraban, PL 111, 192B etwas abweichend. Vgl.Gl.5,233,3*
[5] *dazu Randbemerkung aus Isidor,Et.XIX 31,16. Hraban, PL 111, 582A*
[6] *l. goteuueppenen*   [7] *vgl.VI*   [8] *l. nereta*   [9] *iecit Vulg.s.Laa.*
[10] *l. lusteta sin*   [11] *l. ob´petitionem*

Lacinia.nuskil.   39,12

Pallio.lachene.   39,12

Illuderet.pehuo^{ho}ti.
        kehonti.(vgl.II)   39,14

5 Succlamassem.er ruofti.
        er hare^{ti}.[1]   39,14

In argumentum.f⌈idei⌉.in einan list.(VIII)
        ^{t}riuuo.[2]
        ł cloubo.
10   ineinan gliz.
        list fanc.(II)   39,16

th:t he ir bat ge lôb di.[3] zu 39,16

Vincti.r⌈egis⌉.hafta.(II)   39,20

vt peccarent.missetatin.   40,1

15 Pincerna (59^{v}) pu ti glare.(IV.V.XVII.XVIIc)[4]
        scencho (IV.VIII.VIIIu)   40,1

(59^{v}) Fluxerat.ferfuor.   40,4

Iuxta interpretationem.c⌈ongruam⌉.s⌈ibi⌉.after clim flicho.^{ro}
antfristungo.   40,5

20 Quod illis congrue interpretari poterat.der in climflicho
erskeiden uuerdan mahta. zu 40,8

Referte.m⌈ihi⌉.cellent mir.   40,8

Propagines.probun.(VIII)   40,10

Gemmas.prom.,[5] uuippil[6]   40,10

25 Maturescere riffen.   40,10

Expressi dru^{c}ht:.
        duhta.   40,11

amasium, trût   633C

flagella, summas uitium partes:[7] uuipfila   633D

30 Suggeras spanest.(II)
        ł suggeras i. unter cellest.(VIII)   40,14

Soluisset.^{8}ersk.^{e}idi. (VIII)   40,16

(60^{r}) Canistrum,[9] zeina.(II.XV.XVI.XVII.XVIIc.XVIII) zu 40,16

Excelsius superius.oberosta.   40,17

35 Arte pistoria.diuersum opus pistorum dicit fistarlichemo
liste   40,17

---

[1] ti *über R̥sur*   [2] t *über Rasur*   [3] *Randglosse*   [4] *vgl.Gl.5,145,*
21f. 232,4.   [5] *l.* proz; *vgl.Graff 3,369. Gl.1,549,5*   [6] *aus der Gl.*
zu 633D(40,10) hieher geraten?   [7] *vgl.Isidor,Et.XVII 5,8.6,19*
[8] dissolvisset *Vulg.*   [9] *es folgt Isidor,Et.XX 9,8. Hraban, PL 111,*
604C. canistra *Vulg; den Singular haben auch II,XVII,XVIIc.*

Suspendet.erhe^{n}chit.   40,19

Crux a cruciatu dicitur[1] vuizze.(II zu 40,13)   zu 40,19

Natalitius.keburttago.(II)   40,20

In patibulo ingalgen.(II)   40,22

5 Coniector[2] errechare.(vgl.VII)
  am Rande drom scetho.(II.VIII.XV.XVI)   40,22

Succedentibus pro[speris].folgenten.(II)   40,23

Pascebantur.uueidoton.   41,2

In locis plvstribus.in stro dahten steten.
10   fenne steten (II)   41,2

Emergebant uzzersluffen (VIII)
             uzzarduzzen.(II)   41,3

Confecte.tenues cesamene ke chruchit.
              cesamene kesmogene
15   er hun gerta.   41,3

Macie.fone magiri.(II)   .   41,3

Species froniski.   41,4

Habitus[3] ketât
         karauui.
20   feizti.(VIII)   zu 41,4

Experrectus[4] pharao.enbrot tener.(vgl.VII)   41,4

In culmo uno.(60^v) in einemo halme (XV.XVI)
              in einero ritta.[5]   41,5

(60^v) Plene.folchurne.   41,5

25 Totidem.samo managa.   41,6

Et percusse uridine.heiprunste.(II)
            fer heitu uuaren.   41,6

Probauit.e[uentus]. Arsuohta.(II)
              erfand.   41,13

30 Edisserat.arre che.(II)   41,15

Conicere.erraten.(II)
          arskeiden.(II)   41,15

Obesis.productis.crassis[6] pinguibus.[7] kelatenen.(IV. vgl.VIII)
                                   feizten.(II.VIII)
35   sîne uuellen.   41,18

Squalore.unsubrido (vgl.II)   41,21

Torpebant.suuntan
          artuualen.(II.VIII)   41,21

---

[1] Crux quippe a cruciatu dicitur Gregorius, PL 76,1277A [2] coni-
ectoris Vulg. [3] zu habitudo Vulg. [4] expergefactus Vulg.s.Laa.
[5] aus uuiritta II. Vgl.Kögel,Gesch.d.dt.Lit.I 2,514f. [6] vgl.Gl.5,
227,38f. [7] vgl.Gl.5,232,11

Vbertatis abundantiẹ.kenuʳtsami.(II)   41,26

vim.chraft.   41,26

Comprehendvnt.¹ pefahent
              trefent.
5   peduté̦n eín.²   41,26

Uento.urente.hei uuintẹ.(*vgl*.VIII)   41,27

Fertilitatis magnẹ mihilero cnuhte.(XVIII)
                 uuahsemen.(II)   41,29

Sterilitatis keisini.(II *zu* 26,1)
10   umberahafti.   41,30

Inopie.uneihte.(II)
     zadeles.
     armote.(II)   41,31

Quod autem uidisti secundo. Ordo uerborum est. Somnium quod
15 secundo.ad eandem rem per⌈tinens⌉.firmit⌈atis⌉ i⌈ndicium⌉.
est. Ad eandem.r⌈em⌉.ad unam.daz dir ce ander stunt troumta.
iodaz selba.firmit⌈atis⌉.i⌈ndicium⌉ est daz ist chundida.
festi unte ke frumido.   41,32

(61ʳ) Industrium.ingeniosum.listigen.(*vgl*.II 0)   41,33

20 Horreum³ chornhus. (II Orreum)   41,35

Condatur.keuole hen uuerde.   41,35

Non consumatur.t⌈erra⌉.necer gange.   41,36

Stola,⁴ keuuate (II)   *zu* 41,42

Torquem a⌈uream⌉.culdinen ring
25   halscold⁵   41,42

Preco⁶ fora haro⁷
      fora chundo.(II)   41,43

(61ᵛ) manipulos, karaba
            kebuntiliv.   41,47

30 redactẹ, kebrouchot.(*vgl*.II)   41,47

Condita est.kesamanot.(VIII)
            kefolaan.   41,48

Copia.kenuht.(II)   41,49

Domi heime.(II *zu* 27,15)   42,4

35 Retento. (62ʳ) kehebitemo.   42,4

(62ʳ) Mali uuidar uuartes.
            ungefuorres.   42,4

---

¹ -vnt *über unterstrichenem er*   ² *ein Bogen unter der Zeile ver-
bindet das Schluß* -t *von* trefent *mit dem* p- *von* peduten   ³ horrea
Vulg.   ⁴ *in einer Gl*. Stola genus est uestimenti, *gefolgt von Isidor,Et.XIX 25,3.4. Hraban, PL 111,575D bis 576A   ⁵ vgl*. circuli aur-
ei a collo...pendentes *Isidor,Et.XIX 31,11. Hraban, PL 111,581C*
⁶ praecone *Vulg*.   ⁷ *vgl.4,221,45*

uictui libleite.(II)
    libnaro   42,7

Exploratores, spehare   42,9

perderent,[1] floren hebiten.   639D

5 infirmiora terrę ... iđ inmunita,
                 unfesti (II.VIII.VIIIu)
                 ungeuuarnoti (II)   42,9

*⌊*nec...*⌋* Machinantur.ne sîtont (*vgl.*II)
                nemachont.(*vgl.*II.XV)   42,11

10 Non est super nist celeibo. (II R) non uiuit.   42,13

Experimentum urchnat   42,15

Alioquin.andar stabo.[2]   42,16

(62[v]) Reponerent.kepurgin.(II)   42,25

Supra.uber daz.
15   darazuo.   42,25

Cibariis.fruonton.(II)
        narabrotŏn.   42,25

Parumper ein luzil i.modicum[3]   42,24

Pabulum.fuotar.(II.VIII.VIIIu)   42,27

20 In diuersorio (*darüber* i.in stabulo) uuega cheri.
                      ahizzi.(II)
                      cast uuissode.   42,27

In ore.[4] summitate.inobenantigi.   42,27

Molimur.machomes.(II)   42,31

25 Versatur uuirbit.
        ist dar mit imo.   42,32

Cibaria., nara.   42,33

Reciderunt ana gefâcen.(*vgl.*II)
        anageuiellen.
30   urber[5] mih chomen   42,36

Aduersi.uuider uuartes (II)
        ungefuores.   42,38

Canos.m⌊eos⌋.miniu grauuen harer.(*vgl.*II.VII)
        mina grauui.
35 .   mina alti.   42,38

Consumptisque.c⌊ibis⌋.kenozzenen.   43,2

Denuntiauit.ferbôt.(IV)
        fersegita.   43,3

---

[1] persequerentur *Ed.*   [2] *es folgt* iđ si non uera dicitis.explo-
ratores estis. *Augustinus, PL 34,585 CXXXIX. CSEL 28II,72,21*   [3] *die*
Gl. am Rande nachgetragen   [4] *r aus s gemacht*   [5] *l.* uber

In meam miseriam.in mina uuene cheit.
                      ceminemo leide.   43,6

Iam uice altera.u⌠enissemus⌡.giu ander stunt.uuarin uuir
chomen.[1]   43,10

5 (intercessisset) unter gengi.(II)
                      dat under uuari.   43,10

(Dilatio) up sla gunga.   43,10

Dilatio,[2] unter stal.
          altesunga   43,10

10 (63[r]) Stirax[3]... arbor arabie resinosa[4]... uuirouch poum.
    (II)   zu 43,11

Ne forte errore.f⌠actum⌡.s⌠it⌡.id fraude.⊥ dolo.nice irreden.
                      ce uuidar muoti. 43,12

Placabilem holdan.   43,14

15 Victimas, frinskinga[5] (II zu 22,7)   43,16

Instrue.[6] kestriune.(II R)   43,16

comesuri.mit mir ezzen sculen.   43,16

Mutuo.inuicem untrin
                suntrigo.   43,18

20 Deuoluat anacherre.   43,18

Calumniam miseriam.harmisod.
                      uuene cheit.   43,18

Violenter.nôte
          mit not.
25   unseres undanches.   43,18

In ipsis foribus.intra fores.untar dien turen.   43,19

In marsup[p]iis nostris.Marsupium,[7] chiet[8]   43,22

(63[v]) Probatam.ke zalten.   43,23

Sospes.kesunte.   43,28

30 Adtollens, uf burrente.(II)   43,29

Vterinus.[9] keuuombo.   43,29

lota.f⌠acie⌡.keduo genemo.[10]   43,31

Continuit se.kehebita sih.
                keharta.
35   keduuang.   43,31

---

    [1] *auf dem unteren Rande nachgetragen*   [2] *es folgt* pro mora poni-
tur   [3] storax *Vulg.*   [4] *dies und was folgt meist aus Isidor,Et.XVII
8,5. Hraban, PL 111,524D; dann Hieronymus, PL 23,1050B (Ex quo... bis
condita) und endlich am Rande, Isidor,Et.a.a.O. Stirax... bis gutta
dicitur. Hraban,a.a.O.525A.*   [5] *l.* friskinga   [6] strue *Vulg.s.Laa.*
[7] *es folgt Isidor,Et.XX 9,5.* Hraban, PL 111,604B   [8] Graff 4,387. Gl.
1,712,8 und Anm.2.5,13,33   [9] uterinum *Vulg.*   [10] *d.sg.n. bezogen
auf* antluzze *für abl.* facie

Profanum.pollutum, unuuerd   43,32

Inlicitum.detestabile.leidsam.   43,32

(64^r^) Scyphum, chopf.[1]   *zu* 44,2

quod dedi.[2] daz ih her gab.[3]   44,2

5 Precesserant[4] ferruhton.   44,4

Surge.puredih.   44,4

Persequere.u⌈iros⌋.erdins
                          eruar.   44,4

Auguriari, fogalrarton.[5] (II)
10   anabeton.   44,5

Flagitii.meintate.   44,7

Commiserint.gefrumitin.   44,7

Consequens.klim flich.   44,8

Sententiam urteilido.(II)   44,10

15 Festinato.îlicho   44,11

Scrutatos.[6] erscrudiloto.   44,12

Oneratis, keladenen (II)   44,13

auguriari.id diuinationem colligere,[7] uuiz zegon   *zu* 44,5

De loco.a⌈bierat⌋.abadero stete.denne noch uuas er cestete.[8]44,14

20 Obtendere.en gagine.[9] stritan, vuirpan.[8]   44,16

Tenere.unice einlicho (II.VIII)
                ceizzo (IV.VIII)
                zartlicho.(*vgl.*XVIII)[8]   44,20

Suggessimus.untar zaltomes.   44,22

25 (64^v^) Huc usque.uncen hêra.   44,28

Non comparet.non apparet.dananhæra nege sahic hen niomer. 44,28

Canos meos.altuom minæz.

Cum anima illius ex huius anima p. (*darüber* pendeat.[10])
denne alsîn lib.hange an dêsses libe. Aliter denne alsin
30 liup.unte sin minna chlebege.unte haftege in disemo.   44,30

In meam fidem enmina triuua.   44,32

---

[1] *es folgt*...dicit iosephus esse poculum.quo ille in conuiuio bi-
bere congaudebat. *Vorher geht Hieronymus,PL 23,1050C bis 1051* trans-
tulerunt, *danach wird aus Isidor,Et.XX 5,4. Hraban, PL 111,600A zitiert*   [2] dedit *Vulg.*   [3] *Einschaltung auf dem oberen Rande*   [4] pro-
cesserant *Vulg.s.Laa.*   [5] *das g aus l korrigiert*   [6] scrutatus *Vulg.
s.Laa.*   [7] *dies und das Folgende wörtlich Gl.5,235,15 bis 18 (nur
quia für* quod *16, eo maior für* maior *17, quo für* qui *17, ohne in eos
17).Das Ganze ist durch Verweisungszeichen nach 44,5 verwiesen.*
[8] *auf dem unteren Rande nachgetragen*   [9] *i aus e gemacht*   [10] *dazu
am Rande* i.sustentætur ł mutuo amore consoletur

Cohibere.kæhaben.(II)
            keduuingen.   45,1

Agnitioni mutue.dero ke suasun.[1] urchnati.(II.XVI)   45,1

Mandat enbiutit.   45,9

5 Recedisset.[2] anauiele.   45,14

Celebri s⌈ermone⌉.marrimo.   45,16

Aula.falanza.(II)   45,16

Medullam terre.marag, suoz zi   45,18

Ad subuectionem cegefuornussido.(vgl.II)
10   cefuo[r]renne.   45,19

Suppelectili[3] uestra.kez[i]uge.(II zu 31,37)
                  azzase. (II ib.)
                  allemo pû uue.(II und X ib.)   45,20

(65[r]) Cibaria.fruonta., narabrot[4]   45,21

15 Stolas.keuuate.[5]   45,22

Tantundem.p⌈ecunie⌉.sesama filo.(XVI zu Totidem)   45,23

Totidem.ebenmanago.(II zu 24,22)   45,23

Ne irascamini inuia Nebelgent iuich uuidar mi$\overset{c}{\cdot}$h untar
uuegen   45,24

20 Reuixit.er checheta.   45,27

(65[v]) Superstitem ubarlipen (II.XVIII)   46,30

Alendorum g⌈regum⌉.cenerrenne.(II)
                ce haltenne.   46,32

Adduxere[6] secum. Prâhton.   46,32

25 Quod est opus nostrum.[7] uuaz[h]ânt uuerachæs chunnent îr.
(vgl.VIII)   46,33

Detestantur.leidicent.(vgl.II)   46,34

Extremos uilissimos.smahisten.   47,2

Quid habetis o⌈peris⌉.quid habetis talentorum.uuaz chunnent
30 iñ.(vgl.VIII zu 46,33)   47,3

ingrauescente, inualescente.crescente.star chentemo   zu 47,4

Terra e̜⌈gipti⌉.in conspectu tuo.daz lant ist dir alchunt[8] 47,6

Industrios.ingeniosos.listigo (vgl.II 0 zu 41,33)
                  chunstigo[8]   47,6

35 (66[r]) Cibaria.fruonta.(vgl.II zu 42,25)   47,12

Aerarium regis.trisechamara.(XVII.XVIII)   47,14

---

[1] vgl.II Mutue   [2] recidisset Vulg.s.Laa.   [3] letztes i aus e gemacht   [4] vgl.zu 42,25   [5] vgl.zu 41,42.49,11   [6] adduxerunt Vulg.s. Laa.   [7] vestrum Vulg.   [8] alles am unteren Rande eingeschaltet mit Verweisungszeichen

Sustentauit.nerita.   47,17

Pro commutatione.p⌈ecorum⌋.pedenchouf.
                uuesal.(II)   47,17

Non celamus[1] nehelemes.   47,18

5 Nec clam te est noh dih ferholan nist.   47,18

Absque corporibus[2] an unser selbro lichamen.   47,18

Statuta c⌈ibaria⌋.kesazta fruonta.(*vgl*.II *zu* 42,25)
            kemeinta.   47,22

Puplicis frono.(II)   47,22

10 Prebebantur.kespentot uurtén.   47,22

(66^v) In sementem.insemen.ce samen.   47,24

Conditione.lege.kesezzida.(II)   47,26

Gratiam.anst.
       huldi.   47,29

15 Condas.pefelchest.(VIII)   47,30

Et adorauit inquit israhel ad caput lectuli,[3] hinuf
                         cehoubiton *zu* 47,31

Ire perrexit.ire disposuit.purit sih ceuaranne.   48,1

(67^r) Fraudatus.peskerit.(II)   48,11
20 *darüber* nubih dih muosi ke hen *und am Rande* hebbian[4]

Natu.engeburte.   48,14

Commutans.fer uuehselonte.
              missecherente.   48,14

(68^r) mausoleum,[5] graf   654B

25 Ruben.tu es primogenitus meus.tu es fortitudo mea.tuscoltost
uuesan.prior, *darüber* heroro, in donis.in sacerdotio.[6]   *zu* 49,3

Maior.fordroro.   49,3

(68^v) (quasi aqua que uasculo non tenetur[7])
                thur ci limo fate.
30   ubilo gehauentemo   655B

forte cribram dicit.ł aliud quodlibet uas effutile.ritra[8]

Impetu,[9] drahti
    kahi   655B

Tu fortitudo mea.min starchi.i�срuirtus   49,3

---

[1] celabimus *Vulg.s.Laa.*   [2] cor- *über unterstrichenem pec-*
[3] *zitiert aus Hieronymus, PL 23,1054A*   [4] *mit Verweisungszeichen auf*
ke hen; *l.* ke⟨se⟩hen hebbian *zu aspectu tuo des Verses?*   [5] *vgl.*
Hieronymus, PL 23,1055C   [6] *vgl.Hieronymus, a.a.O. 1056A.1369B. Hra-*
ban, PL 107,655B   [7] *vgl.Hieronymus, a.a.O. 1056A.1369B.*   [8] *alles*
auf dem Rande, die Gl. mit Verweisung zu cribram   [9] *vgl.Hieronymus,*
a.a.O. 1056B.1369B.

Prior, heroro   49,3

Maior. fordororo.   49,3

foederatos uiros,[1] ge zumta.   655C

(69[r]) Coetu.liut kesemine.(II)   49,6

5 Pertinax.fram strach.
        ein strîtig.   49,7

Indignatio.ira.zorn.   49,7

(69[v]) (predam) preda.herunga.(vgl.II)
                scach (II)   zu 49,9

10 suscitare.er uue chen   zu 49,9

(70[r]) expectatio, peitunga
                langunga.   49,10

Pullum, folo.   49,11

stolam, uestem keuuati[2]   49,11

15 In sanguine.uꭍueꭍ.liquor expresse uuẹ sanguinei coloris
est pluot farauui.   zu 49,11

(70[v]) In litore maris.et in statione nauium.unum est einist.
                                                           zu 49,13

Statio[3] stedi.[4]   49,13

(71[r]) Accubans.liggente.   49,14

20 Inter termino.[5] unter dien kemerichen.   49,14

nazareum,[6] keheiligoten (vgl.II zu 49,26)   656D

(71[v]) Coluber dicitur serpens.quia colit umbras ł quia
lubricus est[7] sleffeger.
                hâller.   zu 49,17

25 Cerastes serpens dictus.quia cornutus, darüber hor nâte,
est.[8]

ueluti æsca.[:iosez v]moosi.[9]   zu 49,17

significat, meinit   657A

(72[r]) Ceruus eꭍmissusꭍ.emissus, darüber velox.prū ftiger,
30 dicitur quando ceruam insequitur.[10] iagot
                fasot.   zu 49,21

(72[v]) Discurrerunt.loufoton.(II)   49,22

Exasperauerunt eum.seuiendo ad iracundiam prouocauerunt.[11]
Zubile cruozton.   49,23

---

[1] vgl.Hieronymus, PL 23,1056C.1369C   [2] vgl.zu 41,42.45,22
[3] statione Vulg.   [4] gekürzt aus Isidor,Et.XIV 8,39. Hraban, PL 111,
372B; es folgt danach Statio est locus ubi stant naues   [5] terminos
Vulg.   [6] vgl.Hieronymus, PL 23, 1058C   [7] vgl.Isidor,Et.XII 4,2.
Hraban, PL 111,228B   [8] vgl.Isidor,Et.XII 4,18. Hraban, PL 111,228C
[9] aus Isidor,Et.a.a.0. Hraban a.a.0.   [10] vgl.Gl.5,147,11.40.233,9
[11] ad iracundiam prouocaverunt Hieronymus, PL 23,1060B. Hraban, PL
107,657C

Iurgati sunt.litigabant.disceptabant. $\overset{p}{p}$iegan.   49,23

Per manus.keuualt.   49,24

(73^r) Vberum.tutton.   49,25

nazarei.i.sanctificati, keheiligotes.(II)   *zu* 49,26

5 (73^v) Condirent.sallirent.sielzin.(II)   50,2

Cadauerum.conditorum.kesalcenero.   50,3

(74^r) aream, felt dennia.(II)   50,10

WALAHFRID STRABO, ABBREVIATIO RABANI MAURI
IN LIBRUM DEUTERONOMIUM[1]

(129^v) anima^m, i.ferech   *zu* 12,23

(130^r) Bubalum.vuisunt.(II.LXV.LXVb.c.LXVIII.LXIX.LXIXr.s.
10 LXIXa.LXXIII)[2]   14,5

Tragelaphus[3] gr⌈ece⌉.hirco ceruus dicitur latine.eo quod
utrique aliquid similis sit.elaho.   14,5

(116^v) Ru(117^r)bigine.i.scimbal.(LXV.LXVb.c)   28,22

(117^v) secundarum halana.i.uterus qui sequitur partum.
15 (LXV[4].LXVb.c)[5]   28,57

Classibus scheffertin.(LXV.LXVb.c[6])   28,68

DE FINE NUMERI

(142^r) Ventilata.keperit.   35,24

---

[1] *Stegmüller, Repertorium V, S.428 Nr.8321. Zum Kommentar vgl. Gl.5,
124* [2] *vgl. Gl.1,801,22 und Anm.12* [3] *tragelaphum Vulg.* [4] *s. Gl.4,
259 Anm.12* [5] *vgl. H. Michiels, Über englische Bestandteile ad.
Glossenhss., Bonn 1912, S.70* [6] *vgl. Gl.5,252,9*

DE LIBRO FILII NAVE (JOSUE)

(142^r) Linistipula.i.fascibilis lim pozon.(LXXXIIb.*vgl*.
LXXVI.LXXIX.LXXIXr)   2,6

(143^r) Consutos.keribelta.   9,4

Pittaciis.plezzan.(LXXVI.LXXXIIb)   9,5

5 Ob uiaticum.ceuue geneste.(LXXIX.LXXXI.LXXXIIb)   9,5

Trita sunt.kenozzen.   9,13

LIBER JUDICUM

(144^r) Tempora,[1] thun uuinga (LXXXVIII.*vgl*.II,LXXXVI *und*
XCIIb *zu* 4,21)   4,22

---

[1] tempore *Vulg.s.Laa.*